SIMPLEMENTE DINERO

Dinero suelto

ganarlo, ahorrarlo, gastarlo

Gerry Bailey

everest

Dinero suelto

Tu dinero

Es posible que cuando pienses en dinero recuerdes las monedas y los billetes de la cartera de papá o de mamá, pero existen cosas equivalentes, desde documentos de pago llamados *cheques* a trozos de plástico. El dinero es algo que lleva miles de años por ahí y que todos necesitamos.

El dinero circula

Si dispones de monedas en los bolsillos o billetes en la cartera es que tienes dinero. Entonces podrás echar las monedas a una hucha o guardar tus ahorros en una cuenta bancaria. Incluso cambiarlo todo por algo que desees.

Entrar y salir

El dinero circula porque entra a tu bolsillo y sale de él, y porque lo mismo que con tu bolsillo ocurre con las tiendas y los bancos... ¡y los países! Siempre está en movimiento: tú eres una simple parada en su recorrido.

Si entra decimos que lo has ganado; eso ocurre cuando te dan dinero para tus gastos, te lo regalan o tú mismo te lo ganas haciendo alguna tarea. Si sale decimos que lo has gastado; cosa que sucede, por ejemplo, cuando pagas tus compras.

Uso

Hay distintas formas de utilizar el dinero. Puedes ahorrarlo, gastarlo o incluso darlo, compartirlo con alguien que tenga menos que tú.

Hagas lo que hagas, colaborarás en su circulación, en sus cambios de lugar y de propietario.

5

Dinero suelto

A todos nos viene bien algo de dinero propio para nuestros gastos. Cuando eres pequeño sueles recibirlo de los adultos de tu familia, que te dan cierta cantidad semanal o mensual para que la gastes como quieras.

PAÍS	EXPRESIÓN
España	Dinero suelto
Uruguay	Cambio chico
Perú / Chile	Sencillo
Argentina	Chirolas
Guatemala	Sencillo / Change
Colombia	Dinero de bolsillo

- Tener dinero para tus gastos es bueno para ti.
- Aprendes a pensar en el dinero por ti mismo.
- Entiendes su valor, lo que puede comprar y lo que no.
- Tú decides si gastarlo, ahorrarlo o compartirlo.

Ingresos regulares

Lo que ingresas es el dinero semanal o mensual que recibes. Tus primeros ingresos están constituidos, en consecuencia, por tu dinero de bolsillo, y su cantidad dependerá tanto de lo que tus padres puedan darte como de lo que consideren que debes tener. A fin de cuentas es su dinero. Ya que se trata de un regalo, debes dar siempre las gracias, sea cual sea la cantidad.

¿Qué tal hacer tu cama...

¡Qué faena!

El dinero para tus gastos puede estar constituido en parte por la cantidad semanal que tus padres te den por hacer tareas o faenas, es decir, ciertos trabajos domésticos. Hacerlos y conseguir dinero a cambio te sentará bien.

... o recoger las hojas...

... o lavar los platos...

Tus tareas pueden consistir únicamente en ayudar en la cocina o en mantener limpia tu habitación (¡lo que de todas formas deberías hacer!).

Las tareas pueden incluir el cuidado de las mascotas o del jardín. Sea cual sea tu labor, y aunque te parezca poca cosa, estarás ayudando a tus padres y compartiendo los quehaceres domésticos.

... o sacar al perro?

¡Haz algo!

Si quieres ganar dinero ayudando en casa, lee las siguientes propuestas. Incluso puedes sugerirles a tus padres que firmen un contrato donde se especifique cuáles son tus quehaceres y qué obtendrás a cambio.

Gracias, papá. ¡Trato hecho!

ELIGE QUÉ HACER

- Ordenar tu cuarto
- Limpiar el garaje
- Ayudar en las faenas de casa
- Pintar los muebles del jardín
- Ayudar en el jardín
- Lavar el coche
- Quitar la nieve
- Limpiar las ventanas
- Cuidar de la mascota / sacar al perro
- Colaborar en el refugio de animales
- Mantener el contacto con los abuelos
- Seleccionar ropa o juguetes para donar
- Diseñar tarjetas de felicitación para familiares

Sacar al perro

Si tus familiares o vecinos tienen mascotas, ofrécete para sacarlas de paseo. Se trata de un trabajo útil y saludable, pero es necesario que sepas controlarlas cuando se porten mal.

Limpiar el garaje

Debes barrer y fregar el suelo, desempolvar las herramientas y apilar las cajas desperdigadas. Necesitarás escobón, fregona y demás útiles de limpieza. Si te luces es posible que los vecinos te premien con más trabajo.

Es difícil limpiar un coche sin dejar marcas.

Vender hortalizas

A la gente le gusta comprar fruta, verdura o especias frescas. Si tenéis un huerto, ayuda a recoger sus productos y pregunta a tus padres si puedes vender algo a los vecinos. También puedes cultivar tus propias hierbas, como menta, perejil, albahaca o eneldo.

Lavar el coche

Se supone que un lavacoches debe dejar el vehículo impoluto por dentro y por fuera. Necesitarás útiles específicos, como esponja, gamuza, cubo y detergente para carrocerías. A fin de sacar brillo precisarás cera para coches y un paño abrillantador. Utiliza siempre un detergente de vehículos; no vale cualquiera.

En el huerto suelen sobrar productos para vender.

¡Sorpresa!

Es estupendo recibir algo que no esperas, sean regalos o dinero. Quizá un familiar te dé una pequeña suma o encuentres un billete en la calle o unas monedas entre los cojines del sofá.

Feliz cumpleaños

El cumpleaños es ideal para recibir efectivo. Los tíos y las tías favoritos lo regalan a veces. Otro tipo de efectivo proviene del día en que se nace: los gobiernos de ciertos países dan a los padres un dinero que ellos reservan para tu educación y que tú mismo puedes utilizar al cumplir la edad establecida.

Herencia

A nadie le gusta que fallezca un familiar, pero a veces cuando uno de ellos muere te deja dinero para que lo recuerdes; en tal caso recibes una herencia. Te enterarás de ello por su testamento, el documento legal donde el difunto especifica el reparto de sus bienes, dinero incluido.

Paquetes rojos chinos

Los niños chinos disfrutan de una emocionante costumbre: recibir un paquete rojo en Año Nuevo o en su cumpleaños. Esta práctica se llama en chino *Hong Bao*. El paquete contiene dinero y suele decorarse con símbolos de salud y de suerte.

Por tradición, los padres, los abuelos y otros parientes y amigos regalan paquetes rojos. Cuanto mayor eres, más dinero te dan.

A los niños de China les encanta recibir dinero en su paquete rojo.

Árbol decorado con paquetes rojos

11

¡Intercambia!

¿Qué harías si el dinero no existiese? Si tuvieras sed y quisieras una bebida sin tener nada para pagarla, ¿esperarías a que el tendero se pusiese de buen humor? Más bien le darías algo que ÉL deseara a cambio de lo que TÚ quieres. Este intercambio se llama *trueque*.

El cuento de Ártemis

Como Ártemis, el pastor, deseaba la túnica del escaparate del sastre, entró en la tienda.

«El traje del escaparate», dijo, «¿cuánto pides por él?».
«¿Qué me darías tú?», contestó el sastre. «Yo suelo preferir dinero, ya sabes, esos discos metálicos con cabezas de gente. Monedas, las llaman. Se cambian por casi cualquier cosa».

12

Pero Ártemis no tenía dinero. «Bueno, pues dame algo de comida», sugirió el sastre. «Queso», repuso el pastor, «hago queso con leche de oveja. Huele un poco fuerte, pero sabe bien».

Así que convinieron que la túnica valía 10 quesos y cerraron el trato.

Ártemis consiguió lo que quería y el sastre obtuvo algo útil a cambio.

¿Queso o dinero?

Ártemis pagó 10 quesos por su túnica. Si la prenda hubiera costado 10 euros, los quesos hubieran valido un euro cada uno. El trato satisfizo a los dos hombres.

Sin embargo, habría sido más sencillo si Ártemis hubiera llevado dinero. Sobre todo porque el dinero es más fácil de transportar... ¡y no huele!

En cualquier lugar del mundo se entiende que el dinero es el «medio de cambio» más cómodo. Siempre que todos estén de acuerdo sobre su valor, los billetes y las monedas son lo más útil para comerciar (comprar y vender).

Gastar

Con tu dinero puedes comprarte tanto lo que realmente necesitas como lo que te gustaría tener. Gastar es divertido, sobre todo si compras algo para lo que has estado ahorrando porque lo deseabas de verdad.

¿Qué comprar?

Solo puedes gastar el dinero que tienes. Cuéntalo antes de salir y no gastes a lo loco. Si al final no te llega, te llevarás un buen disgusto. Gastar dinero implica responsabilidad, así que hazlo bien.

Si gastas en exceso acabarás teniendo problemas.

Quizá debas una cantidad que no puedas devolver, y aunque contraigas la deuda con tu padre o tu madre, sigue siendo una deuda que te inquietará.

El precio

La cantidad de dinero que pagas por algo es su precio. Suele estar indicado en los artículos en venta. No olvides que un famoso dicho reza: «Lo barato sale caro»; a veces aunque el precio parezca alto, la calidad compensa. Gastar bien consiste en obtener la mejor relación calidad-precio.

El poder de dar la lata

En tus decisiones de compra suele influir la publicidad de la tele y las revistas. Los anuncios intentan convencerte de que adquieras cosas que en realidad no necesitas ni puedes permitirte, de forma que das la lata a tus padres para que te lo compren o te proporcionen el dinero preciso.

A los padres no les gusta decir que no. De hecho, dar la lata funciona y los anunciantes se aprovechan de ello para vender más artículos a los niños.

15

Dando vueltas

El dinero es muy trabajador: nunca deja de moverse ni de funcionar. Te sirve para ganar, ahorrar y gastar. Ayuda a los comercios a vender y a los clientes a comprar; a los empresarios a fabricar bienes y a venderlos; a países enteros a comerciar entre sí.

1. Tienes 100 € en el bolsillo que utilizas para comprarte una radio nueva.

2. La tienda de radios paga los 100 € a una fábrica de Corea a fin de adquirir más radios.

3. La fábrica coreana utiliza los 100 € para comprar componentes a una fábrica de China.

6. El hotel utiliza los 100 € para pagarte tu sueldo de limpiador a tiempo parcial.

5. El empleado chino pasa unos días de vacaciones en tu ciudad y abona 100 € por la habitación del hotel.

4. La fábrica de componentes utiliza los 100 € para pagar a uno de sus empleados.

El dinero sirve para comprar y vender bienes por todo el mundo.

¡Me llega!

Con todas las cosas maravillosas que vemos alrededor para comprar, no es raro que ciertas personas gasten más de la cuenta. Una forma de evitarlo es hacerse un presupuesto, forma de administración pecuniaria al alcance de todos.

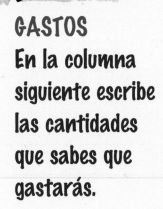

Mi presupuesto

Es probable que sepas de cuánto dinero semanal dispones, pero ¿recuerdas lo que gastas? Al llevar un presupuesto sencillo no gastarás más de lo que tengas ni te quedarás sin blanca a finales de la semana o el mes.

Hacer un presupuesto es muy útil y te permite controlar tus finanzas.

INGRESOS
Suma lo que te dan como dinero de bolsillo, lo que te regalan y lo que ganas con tus trabajos.

GASTOS
En la columna siguiente escribe las cantidades que sabes que gastarás.

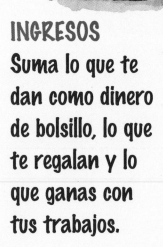

10 €

6 €

TOTAL DE INGRESOS

TOTAL DE GASTOS

Administrar tu dinero tiene sentido.

TOTAL DE INGRESOS menos TOTAL DE GASTOS = SALDO (LA DIFERENCIA)

Lo ideal es que ese saldo dé a tu favor, es decir, que cada semana los gastos sean inferiores a los ingresos.

4 €

SALDO

El señor Micawber

Este caballero es un famoso personaje de una novela de Charles Dickens llamada *David Copperfield*. El señor en cuestión no hacía más que advertir al joven David de las desgracias que acarreaban las deudas.

Creía que si cada mes te sobraba un penique serías feliz y que si te faltaba serías desdichado. Por desgracia, el buen señor no siguió sus propios consejos ¡y acabó encarcelado por deudor!

Dinero mágico

Un viejo cuento coreano habla de una pareja que encontró la suerte cuando alguien les hizo un regalo, pero que después se volvió avariciosa y su suerte cambió.

Érase una vez una pareja coreana que no tenía dinero. Vivían en una cabaña de paja y cada día cortaban dos haces de leña, uno para ellos y otro para vender a fin de comprar alimentos.

La pareja trabajaba tanto que los dioses decidieron recompensarlos. Les dieron una bolsa vacía y les indicaron que la abrieran a diario una sola vez. Siempre que lo hacían encontraban un lingote de plata.

La pareja consiguió enseguida un montón de lingotes. «Construyamos una casa», sugirió la esposa, pero el dinero se acabó pronto. «Necesitamos más. Tendré que abrir la bolsa con mayor frecuencia», dijo el marido. Ese mismo día la abrió por segunda vez y encontró otro lingote, y lo repitió una tercera con idéntico resultado, pero en la cuarta no halló lingote alguno.

No solo eso: la casa había desaparecido.

«¡Ya ves!», exclamó el hombre. «No podemos depender de la bolsa mágica. Vamos a cortar leña de nuevo; es más fiable».

Desde aquel día siguieron con su vida de siempre, dura pero feliz.

Dinero para imprevistos

Ahorrar consiste en guardar parte del dinero que nos llega, es decir, en no gastarlo todo. Así podrás afrontar imprevistos, los gastos que no habías calculado en el presupuesto. A ciertas personas les resulta fácil, pero para otras es dificilísimo y actúan como si el dinero «les quemara las manos».

¡Sé sensato!

No precisas gastarlo todo ni ahorrarlo todo. Cómprate alguna cosa de cuando en cuando, pero piensa con calma lo que de verdad necesitas. Te sorprenderá la rapidez con que crecen tus ahorros, y cuanto más tengas, mejor te sentirás. Enseguida podrás gastarlos en algo que valga la pena.

Si aprendes a
guardar dinero
para imprevistos
serás más feliz.

Mi cuenta bancaria

Una buena forma de guardar tus ahorros es ingresarlos
en un banco. Solo necesitas abrir una cuenta y un poco de
dinero para dejar en ella. Hoy día la mayor parte de la gente
necesita una cuenta para pagar las casas y los coches
y recibir sus sueldos.

Un banco te proporciona:

- **Un lugar seguro donde guardar tu dinero.**
- **Una cuenta de ahorro en que el capital puede darte un interés.**
- **Un talonario de cheques o una tarjeta de crédito (cuando tengas edad suficiente) para que no necesites llevar un montón de efectivo encima.**

24

¡No tengo edad!

En España hay que tener 14 años para abrir una cuenta, porque se precisa el carné de identidad. Si eres más pequeño necesitarás un NIF (número de identificación fiscal) provisional, que el mismo banco puede solicitar. Para ello debes ir a la sucursal con tus padres llevando sus DNI y el libro de familia.

¿Dónde lo meten?

Los bancos ofrecen diferentes tipos de cuenta, por lo que debes elegir la que más te guste o la que mejor se adapte a tus necesidades.

Cuenta corriente: esta es la cuenta estándar de los grandes bancos. En ella puedes ingresar o sacar dinero cuando quieras. El banco te enviará un extracto, un estado de tu cuenta, cada mes o cada trimestre. Así sabrás lo que has ingresado, lo que has sacado ¡y lo que te queda!

Cuenta de ahorro: en este tipo de cuenta el banco suele pagarte una pequeña cantidad, llamada *interés*, sobre el capital (el dinero que ingresas).

En línea: la mayoría de los bancos ofrecen servicio *online*, por internet, para que puedas controlar tu cuenta sin ir a la sucursal. Para ello necesitarás un ordenador ¡y saber usarlo!

25

Compartir

Además de ganarlo, gastarlo y ahorrarlo,
el dinero puede compartirse.

Un grano no hace granero...

... pero ayuda al compañero. Y en este planeta hay
muchos que necesitan ayuda. Algunos son tan pobres
que no tienen ni agua ni alimentos. Cuando ves gente
así piensas que no puedes hacer nada, pero un *solo*
grano de muchas personas son muchos granos.

Si no te sobra nada, puedes colaborar en marchas benéficas o donar ropa,
juguetes y libros a organizaciones humanitarias.

El pájaro de la miel

Viejo cuento zulú de Sudáfrica que habla de compartir.

Había una vez un joven avaricioso llamado Gingile que nunca compartía nada. Siempre guardaba su maíz y su carne para él solo.

Un día, mientras cazaba, oyó el *chitik chitik* de Ngede, el pájaro guía de la miel, signo de que el ave había encontrado un panal de abejas. Gingile encendió a toda prisa una rama y trepó al árbol.

Luego extendió la mano para extraer trozos de panal. Era demasiado egoísta para compartirlos con Ngede, que se enfadó mucho (al fin y al cabo los pájaros guía consiguen siempre su parte del botín) y le dio un escarmiento.

La siguiente vez que Gingile oyó su reclamo y lo siguió hasta un árbol alto, no encontró miel sino un leopardo dormido sobre la rama. La fiera se despertó y le dio un buen zarpazo en la frente. Gingile no engañó nunca más al goloso pájaro.

Rico y feliz

Si tienes mucho dinero serás feliz. ¡Bueno, no necesariamente! Un estudio reciente demuestra que quienes ganan grandes cantidades de dinero son felicísimos al principio, pero después de seis meses vuelven a su estado habitual.

No tan rico

Según ciertos estudios, la gente con menos dinero no es tan feliz como la más adinerada; pero según otros, sentirse feliz o desgraciado no depende del dinero.

No cabe duda de que la preocupación por el dinero no colabora en hacernos felices. No obstante, una vez que alcanzas una situación acomodada, la felicidad suele provenir de otras áreas, no solo de la económica.

Es hora de tomar el control

Quizá pienses que a tu edad no debes preocuparte por el dinero, entre otras cosas porque lo tienes en cuanto lo pides. O quizá porque los adultos te malcrían haciendo que te creas un principito o una princesita. Puede que incluso se rindan porque te portas mal si no te sales con la tuya. Quizá puedas seguir utilizando ese truco durante un tiempo...

¡Pero alguna vez tendrás que abandonar esos malos hábitos!

Cuidar de tu dinero forma parte del crecimiento y de la vida en el mundo real. Cuando seas mayor tendrás que ganártelo y deberás pagar facturas que acabará con él a toda prisa, además de afrontar gastos como el alquiler de tu vivienda o los alimentos. El único responsable de tu dinero y de cómo lo utilices serás tú. Así que...

...¡nunca se es demasiado pequeño para aprender!

Acertijos de *Dinero suelto*

1. ¿Qué palabra que empieza por «i» describe el dinero que ganas?

2. ¿Cómo se llaman los trabajos que haces por casa?

3. ¿Cuál es el nombre chino de los paquetes rojos con dinero que se regalan en días señalados?

4. ¿Qué otro nombre recibe el intercambio de bienes?

5. ¿En qué clase de «poder» confían los anunciantes para vender artículos a los niños?

6. ¿Qué sirve para asegurarte de que tus ingresos superarán a tus gastos?

7. Según el señor Micawber, ¿qué cantidad de dinero mensual provoca tu felicidad o tu desdicha?

8. ¿Cómo se llama la cuenta estándar de un banco?

9. ¿Qué nombre recibe la cantidad que un banco te paga por tus ahorros?

10. ¿Qué cuatro cosas puedes hacer con tu dinero?

Soluciones

1. Ingresos 2. Tareas o faenas 3. *Hong Bao* 4. Trueque 5. En el de dar la lata 6. Un presupuesto 7. Un penique 8. Cuenta corriente 9. Interés 10. Ganarlo, gastarlo, ahorrarlo y compartirlo

Índice